प्रीत के अनुबन्ध

(गीत संग्रह)

दीप्ति मिश्रा

डायमंड बुक्स
www.diamondbook.in

प्रकाशक : डायमंड पॉकेट बुक्स (प्रा.) लि.
X-30, ओखला इंडस्ट्रियल एरिया, फेज-II
नई दिल्ली-110020
फोन : 011-40712200
ई-मेल : sales@dpb.in
वेबसाइट : www.diamondbook.in
संस्करण : 2022

Preet Ke Anubandh: Geet Sangrah

By : *Dipti Mishra*

समर्पण

विनम्र निवेदन करते हुए अपने दिवंगत पूज्य पिता को जिनके आशीर्वाद, अतिशय स्नेह और त्याग ने मुझे इस योग्य बनाया परंतु जो आज मेरी उपलब्धि को देखने के लिए हमारे बीच नहीं है। जिन्हें कोरोना के क्रूर काल ने हमसे छीन लिया।

भूमिका

अक्षर-अनंत की अनन्य आराधिका

'प्रीत के अनुबंध' की रचनाओं से गुजरते हुए मुझे यह एहसास हुआ कि कुछ रचनाकार ऐसे होते हैं जोकि सृजन-शून्य होते हैं तो दूसरी तरफ कुछ रचनाकार ऐसे होते हैं जो शून्य से भी सृजन कर लेते हैं। दीप्ति मिश्रा एक ऐसी ही विलक्षण और अप्रतिम रचनाकार हैं जो शून्य से सृजन कर लेने की अलौकिक कला में पूर्णतः दक्ष हैं। ऐसा देखने में आया है कि कुछ रचनाकार ऐसे होते हैं जो प्रसिद्ध तो होते हैं मगर सिद्ध रचनाकारों में कभी शुमार नहीं किये जाते हैं। इसी तरह कुछ रचनाकार सिद्ध होते हुए भी शोहरत की बुलंदियों को छू नहीं पाते हैं और अचीन्हे ही रह जाते हैं। कीर्ति-नक्षत्रों पर वापी, गुजरात का नाम टांकनेवाली दीप्ति मिश्रा सौभाग्य से इस संदर्भ में एक ऐसी उभयनिष्ठ दीप्त-प्रदीप्त रचनाकार हैं जिन्होंने सिद्धि और प्रसिद्धि दोनों को ही अपनी सारस्वत शब्द साधना से अर्जित किया है। ज्ञानरंजन और मनोरंजन का जो गत्यात्मक संतुलन वो अपने सृजन में जीती हैं इस कारण ही तो वे अपने आप में अनूठी हैं। और जो अनूठा हो उसकी तुलना किसी से भला कैसे से की जा सकती है-

अनुरक्त मन जब तोड़ देता भाव के बंधन।
प्रीत के उन्मेष का होता सलोना आचमन।
कल्पना का जगत जब विस्तृत कभी होने लगे।
तब सृजित होते मृदुल से गीत मनभावन।

विस्तृत कल्पना जगत में अनुरक्त मन की अभिव्यक्ति ही दीप्ति मिश्रा के सृजन लोक का ऋषि-प्राण है। व्यक्तित्व और कृतित्व में यदि दीप्ति के व्यक्तित्व की पड़ताल करें तो दीप्ति सचमुच में एक बाशऊर समग्र व्यक्तित्व हैं क्योंकि सही अर्थों में व्यक्ति होता ही वह है जो अपने को व्यक्त करने का सुसंस्कृत सलीका रखता हो क्योंकि व्यक्ति ही अभिव्यक्ति का मूल तत्व होता है। दीप्ति तो जो अघोषित है उसे भी अभिव्यक्त करने में समर्थ हैं। अघोषित

को अभिव्यक्त करने का योग दुर्लभ दैवीय आयोजना से ही उपलब्ध होता है। मेरी नजर में दीप्ति मिश्रा 'तथागत चेतना' की रचनाकार हैं जिनके गीतों में समय-सापेक्ष तथ्य अपनी नैसर्गिकता में स्वत: आगत होता है। जो चेतना तथ्य को आगत करने में सक्षम है वही तथागत है। दीप्ति मिश्रा का गीत संसार इस संदर्भ में विदेहित वेदना का नील चिन्मय है। सृजन के तुलसी क्षणों में अपनी श्लोक दृष्टि से वह जो गीति-रचना का सारस्वत लोक रचती हैं उसे समझने के लिए एक समझदार समझ आवश्यक रूप से जरूरी है क्योंकि इनके ये गीत, इनकी ये रचनाएं महज शब्दों की दौड़-धूप नहीं हैं बल्कि शब्दों को बिना शोरगुल के अनुभूति के उन वैष्णव अक्षाशों पर पहुंचाने का व्यास-प्रयास हैं जहां शब्दों के जगर-मगर मेहराबों से झांकती कविता स्वयं अपना ऐसा दिव्य आलोक बिखेरने लगती है जिसकी दीप्ति में सुनने या पढ़नेवाले का मन स्वयं ही प्रज्ञान-प्रदीप्त हो उठता है। इनकी रचनाएं एक ऐसी समझ का सुमंगल आमंत्रण हैं जो शब्दों के नेपथ्य में टहल-कदमी करती अर्थवान चुप्पी को सुनने और समझने में सक्षम हैं। यथा-

शुभम ज्योतित संसृति है।
लोक व्यापक संस्कृति है।
भिन्न जीवन शैलियों की
शुचि धरोहर संस्मृति है।
हो रहीं जीवंत अपनी
आस्था की धारणाएं।

मुझे लगता है कि दीप्ति की गीति-रचना में जो कह दिया गया है, उससे भी ज्यादा महत्वपूर्ण वह है जो अनकहा है और जो अबोला है। ये वो भाव हैं जो मौन के आकाश में उड़ने वाले परिंदे हैं। जो जब शब्दों के आंगन में उतरते हैं तो सुनने वाले का मन गगन के विस्तार और आकाश की गंध से भर उठता है। अपने रचना कर्म में दीप्ति कभी कहीं किसी प्रकार का कोई समझौता करती हुई नहीं दिखती हैं। जहाँ बात गलत लगी इन्होंने भरसक विरोध किया। ऋजु-सरलता और सौम्यता के बंद कपाटों को खोलकर जब यह दुर्लभ अकुतोभय जिजीविषा उद्घाटित होती है तो लोग चकित और विस्मित हो जाते हैं। वैसे मूलत: दीप्ति मिश्रा संवेदनशील मन की एक सुकुमार गीति कवियित्री हैं। जो यथाकथित और तथाकथित और परीत तथा विपरीत परिस्थितियों में एक साथ समभाव से संयत और संतुलित मुद्रा में रह लेती हैं।

खो गई संवेदनाएं, मूक हैं नव कल्पनाएं।
भूलते से जा रहे हम, प्रेम की जैसे कथाएं।
छटपटाते प्राण, अनुभव भयजनित उद्‌भास का।
अब जलाना है हृदय में, दीप दृढ़ विश्वास का।

न लिप्त हो संसार में, न निर्लिप्त हो संसार में वाली विलक्षण वीतरागिता इनके सृजन का बुद्ध मूल संस्कार है। शायद यही वीतरागिता है जिसके तत्त्वावधान में दीप्ति के भीतर के भी भीतर बैठा जो कवि है वह संचालित होता है जो कि प्रलोभन और प्रतिस्पर्धा में भी इन्हें बाकायदा निर्विकार और तटस्थ रखता है इसका भी रहस्य यह है कि दीप्ति मिश्रा एक निरंजन चेतना की व्यक्तित्व हैं। धरती पर जो भी चलता है वह अपने पदचिन्ह छोड़ देता है मगर जो पंक्षी आकाश में उड़ते हैं वो अपना कोई पदचिन्ह नहीं छोड़ते। क्योंकि उनका गमन निरंजन है। जिसमें या जिसके पीछे कोई अंजन नहीं। दीप्ति की चेतना भी गगनविहारी है। एक निरंजन चेतना। तभी तो वह कहती हैं कि-

तुलसी का कोने में बिरवा,
लिपे पुते घर आंगन हैं।
मन का मृग कस्तूरी खोजे,
शूल सजाए दामन हैं।
देहरी पर आँखों को टांगे
आशा सोनपरी।
कहो क्या चोट लगी गहरी।

दीप्ति के गीतों को मैं जब भी पढ़ता हूं तो इन गीतों में एक अजीब-सी सूफियाना आवारगी देखने को मिलती है, जिसमें जो इत्यलम् का भाव है वही स्वत: नेत्यलम् भी हो जाता है। जहां कि मन बंधन में मुक्ति को और मुक्ति में बंधन को जीने लगता है। यानी कि ठहराव में गति और गति में ठहराव। जिसे विज्ञान जड़त्व की गति और गति का जड़त्व निरूपित करता है। तभी तो ये आभास होता है कि-

मुझे लगता है कि शायद यही अवस्था अहोभाव की वह महादशा है जहां कि आनंद मग्न होकर चैतन्य मन की बाँसुरी की मीठी-सी धुन पर नृत्य करता है। और चित्त की उस अद्‌भुत अवस्था को उपलब्ध हो जाता है जहां साधक भीड़ में एकांत और एकांत में भीड़ जी लेने का कौशल अर्जित कर लेता है। मुझे बार-बार बल्कि यूं कहिए कि हर बार ऐसा ही लगा है

कि दीप्ति मिश्रा के गीत मांसल सौंदर्य के गीत नहीं हैं। बल्कि ये शब्द के गर्भ में पल रहे तात्पर्य का उद्घाटन हैं। और इनके गीतों का चरित्र है बीज में उपस्थित वृक्ष के अस्तित्व को रेखांकित करना। इन गीतों में जितना बाहर का लंबा सफर है उतनी ही गहरी भीतर की यात्रा है। ये गीत बाहर और भीतर के मिलन की मधुर यामिनी है। बहिरंतर का एकात्म है।

सचमुच दीप्ति एक ऐसी प्राज्ञ गीतकार हैं जिनके गीतों के घर में संवेदनाएं अपने पूरे कुनबे के साथ रहती हैं। क्योंकि वे स्वयं ही संवेदनाओं की ऐसी मूलाक्षर हैं जिनके गीतों में विराटता की व्याप्ति विश्राम करती है।

कुल मिलाकर दीप्ति मिश्रा की रचनाएं सामाजिक अनुषंगों से आबद्ध ऐसे शब्द-चित्र हैं जिनमें मनुष्य को ही नहीं मनुष्यता को भी उसके समूचे अस्तित्व के साथ रेखांकित किया गया है। उनका सृजन मनुष्यता का महाभाष्य है। चूंकि दीप्ति की समग्र सर्जना मानव सापेक्ष है इसलिए असंदिग्ध चिरंजीविता की इस सृजन-संपदा को कालजयी कह दिया जाए तो इसमें शायद कोई अतिश्योक्ति नहीं होगी। निश्चित ही साहित्यानुरागियों का रचनात्मक स्नेह 'प्रीति के अनुबंध' को प्राप्त होगा और क्या कहूं दीप्ति जैसी मन्मथ और मर्मज्ञ चेतना के लिए? सिवाय अपने इस शे'र के कि-

तुम्हारे कारनामों का कोई सानी नहीं मिलता
तुम्हारी शोहरतों का वक्त दस्तावेज लिक्खेगा।

-पंडित सुरेश नीरव
अंतर्राष्ट्रीय चिंतक, कवि)
गोविंदपुरम, गाजियाबाद-201013

पुरोवाक

काव्य- अभिव्यक्ति के अन्तर्गत गीति- भावना सार वस्तु है। स्वानुभूति, गेयत्व और कोमल भाव की सघनता जिस कविता में एक साथ पाई जाए, वह गीति- काव्य है। उक्त तीनों विशेषताएं यथार्थत: गीत की आभ्यन्तर और बाह्य विशिष्टताएं हैं। गीत की आभ्यन्तर विशेषता, उसका मुख्य तथ्य यही है कि उसके भीतर आत्मा की- अपनी निजी अनुभूति प्रगट हो। वर्णन चाहे किसी वस्तु का हो पर गीत के रूप में वह वर्णन सामान्य कल्पनागत न होकर कवि की अपनी अनुभूति को आत्मसात कर व्यापक और हृदयग्राही हो जाता है और वह न केवल वस्तु की आत्मा और विशेषताओं का परिचायक होता है प्रत्युत उसमें कवि की आत्मा, उसकी भावनाएं प्रतिबिंबित होतीं हैं। आत्मानुभूतियों का यह प्रकाशन कवि की अपनी सामाजिक और सांस्कृतिक विशेषताओं के आधार पर होता है। कवि की भावना मुख्यत: सबल होती है जो हमारी प्रेरणाओं और अनुभूतियों को जाग्रत कर देती है, उसकी शुचि पारदर्शी दृष्टि वस्तु, जीवन, जगत के भीतर नवीन तथ्य खोज लेती है जिसे वह विविधवर्णी कल्पनाओं के आश्रय द्वारा सुख-दुख के रंग चढ़ाकर व्यक्त करता है जो स्वाभाविक गतिमय गेय गीत बनकर कोमलता से हमारी रस संक्षिप्ति को प्रेरित और कल्पना को सजग करता है।

उदीयमान कवयित्री दीप्ति मिश्रा का गीत संग्रह "प्रीत के अनुबंध" भावनिष्ठ वस्तुनिष्ठ वैयक्तिक भावनाओं को नैयक्तिक रूप देकर और अंतर के अनुभूत सत्य को सूक्ष्म पर्यवेक्षण द्वारा प्रकट कर स्थायित्व प्रदान करने वाली अनुपम कृति है। निस्संदेह गीतों के माध्यम से विविधवर्णी अनुभूतियों को जीवंत करता यह संग्रह अनमोल है।

दीप्ति मिश्रा के रचना संसार में वर्णित कथ्य, भाव तत्व और शिल्प सौंदर्य का आकलन करने के पूर्व गीत विधा क्या है, हम इस पर विचार करते हैं-

वास्तव में कोई भी काव्य रचना तब तक गीत नहीं बनती जब तक कि वह अभिव्यक्ति मर्यादित न हो। मर्यादा से मेरा तात्पर्य शिल्पबद्धता से है। प्राय:

हम किसी गीत को शिल्प की दृष्टि से छह तत्वों के समावेश से आकलन करते हैं। यह अनिवार्य तत्व - मुखड़ा, स्थायी अथवा टेक, अंतरा, पूरक पंक्ति, तुकांत विधान और लय विधान हैं। गीत की लय निश्चित और किसी न किसी छंद पर आधारित होती है जो गीत को आदि से अंत तक निरंतरता और गेयता प्रदान करती है। गीत किसी भी भावभूमि पर सृजित किया जा सकता है जिसकी शक्ति गति और स्वाभाविकता होती है।

काव्य- साधना में शिल्पगत दृष्टि एक विशेष रूप रचना होती है। इस विशिष्टता में ही रसोद्रेक की शक्ति निहित होती है। अपने आदर्श की रक्षा में कविता को बड़ी कठिन साधना करनी पड़ती है। अर्थ गांभीर्य और भाव सूक्ष्मता का लययुक्त शिल्पबद्ध कला सौन्दर्य विमुग्धकारी, रुचिकर और आकर्षण का केन्द्र होता है। इस दृष्टि कोण से दीप्ति जी के गीत मानवीय संवेदनाओं, चिंताओं, जीवन के यथार्थ को परिभाषित करते, पीड़ाओं को संपृक्त करते युगीन परिवेश की आधुनिकता से सजे-सँवरे नये प्रतीक एवं बिम्बों से नवीन स्वरूप धारण कर सबल सामर्थ्य के बल पर अपना प्रभामंडल स्थापित करते हैं और गीतों को सच्चे अर्थों में साहित्यधर्मी बनाने की विशेषता रखते हैं। दीप्ति जी के गीतों का प्राणतत्व सरलता और सहजता है, संप्रेषणीयता और प्रखरता है जिनमें छंद, लय, गेयता, प्रतीक और विविधता है, निजी अनुभव- अनुभूति की मौलिकता है जो उनकी साहित्य सृजन की नैसर्गिक क्षमता का सहज परिचय दे जाते हैं। उदाहरणार्थ-

प्रकृति के साथ आंतरिक आनुभूतिक साम्य को भावप्रवण दक्षता से दर्शाते गीत देखें-

"कली-कली रही विहँस।"
"भोर की आवन से"
"साँवरे मेघा सजल होने लगे।"

दीप्ति जी के गीत प्रकृति को आत्म भाव से जोड़ने वाले कुशल चितेरे हैं। उनके लिए प्रकृति बड़ी ही सजीव और अनुभूति संकुल है -

"रंग-रंगीले चित्र सजीले।"
"रुचिर अनुपम कल्पनाएं।"

प्रगीतात्मकता का भाव गंभीरता, कलात्मकता और सौन्दर्य बोध के साथ लयात्मकता के सहज प्रवाह का गीत देखें जिसमें विशुद्ध गीति-भावना हिलोर ले रही है-

"रहे सुवास प्यार की।"

न जीत की न हार की।"

"अब जलाना है ह्रदय में दीप दृढ़ विश्वास का।"

"वक्त का साथ जो निभाता है।"

"मधु वाणी में।"

प्रेम के शाश्वत मूल्य, अनुभूत यथार्थ, निरीक्षण क्षमता और कल्पनाशीलता कवियत्री की अभिव्यक्ति को विशिष्ट बना देते हैं-

"तुम परिमल बन"

"दीप जला प्रीत का।"

एक भावुक निरीक्षक और दृष्टा के रूप में आकुल क्रियाशीलता को संजोकर जब ह्रदय का विश्वास और गहन पारदर्शी अनुभूति सांस्कृतिकता धारण कर स्वाभाविक साधक बन जाती है तब अनायास ऐसे गीत सृजित होते है-

"आज मैली दृष्टियां ढ़ातीं कहर हैं।"

"सहज संवेदन विकल होने लगे।"

"प्रकृति का दोहन किया।"

भावना की तीव्रता, पुंजीभूत साहस, कर्तव्य-बोध और देशप्रेम से परिपूरित गीत में कवियत्री की अपनी भावना ह्रदयग्राही हो उठती है-

"चक्र सुदर्शन"

"आजादी के वर्ष पचहत्तर।"

प्रांजल रूप परिग्रह देखिए जिसमें ह्रदय के राग की छाया स्पष्टतः दृष्टिगोचर हो रही है-

"मांग का श्रृंगार हो।"

"प्यार का मनुहार का अमृत मिला है।"

जब कवि की कविता आचरण में ढ़ल जाए तो अमिधा की शक्ति उद्‌बोधक हो उठती है-

"दीप की वर्तिका सी सुलगती रही।"

दीप्ति मिश्रा जी ने प्रेम-हर्ष, आशा-निराशा आदि समस्त भावनाओं को विस्तार देने के लिए प्रायः प्रकृति को माध्यम बनाया है जहाँ वर्ण्य और

कवियत्री में कोई अंतर नहीं दिखता और प्रकृति के भीतर जो भी स्पन्दन और क्रिया–कलाप हैं– वे सभी संकेत उद्दीपन के रूप में विशेष बन जाते हैं–

"रंग रंगीले चित्र सजीले।"

"जो अगर हृदय में।"

संवेदनात्मक आंतरिक अनुभूति की अभिव्यक्ति सरल और सहज भाषा में समरसता के अर्थ गांभीर्य का तत्क्षण बोध करा देती है–

"खोल दो मुस्कानों का द्वार।"

प्रतीकों और लक्षणा के सहारे अन्तर्भावनाओं की भाव सूक्ष्मता का आभास अपने कला सौंदर्य से विमुग्ध कर जाता है –

"रुचिर अनुपम कल्पनाएं।"

दीप्ति जी के अधिकांश गीतों में स्वानुभूति का कवि–चातुर्य है, बोध गम्यता है। व्यष्टि और समष्टि की संवेदनात्मक आभा से आलोकित मानस स्तर से बाह्य स्तर तक विस्तार है। सामयिक जीवन की स्पंदना और व्यक्ति की जागरूकता के सत्व की गुंजार है –

"घर के आंगन में।"

अपने युग के प्राणमय तत्वों को आत्मसात कर जीवन मूल्यों की सार्थक अभिव्यक्ति करना दीप्ति जी का लक्ष्य है –

"आज मैली दृष्टियां।"

"अब कोरोना से"

और जब भाव और गेयत्व का मधुर सम्मिश्रण दार्शनिक आधार ग्रहण करता है तो –

"हो गया कुछ वीतरागी मन।"

वर्तमान के प्रति सूक्ष्म पर्यवेक्षण और विसंगतियों हेतु कवि मन कितना सजग और संवेदनशील है –

"अब धरती पर पानी कम है।"

"सहज संवेदन विकल होने लगे।"

संग्रह के दो गीत यथा– "चोट लगी गहरी।" और "घर में बैठे लोग सयाने।" नवगीत का प्रखर आभास देते हैं।

दीप्ति जी की अतिरिक्त विशिष्टता है कि उन्होंने प्रस्तुत संग्रह के लगभग

सभी गीतों में अनेक छंदों का सुरुचिपूर्ण कलात्मक प्रयोग किया है। कुछ छंदों के उदाहरण दृष्टव्य हैं -

(1)- छंद हाकलि (मानव) 14 मात्रा, तीन चौकल के बाद एक द्विकल) उदाहरण- 'अपनी बोली अपना धन'।

(2)- वाचिक पंचचामर छंद, 24 मात्रा मापनीयुक्त मात्रिक, मापनी- 12 12 12 12,-12 12 12 12)

उदाहरण- "कली-कली विहँस उठी।"

(3)- छंद विमोहा मापनी 212 212 - उदाहरण- "पीर जाए पिघल"।

(4)- छंद विष्णु पद 30 मात्रा, 16-10 पर यति।

उदाहरण- मधु वाणी में, 'नयी परीक्षा नवल साधना है', 'चित्र सजीले', श्वासों की सोंधी गंध लिखें, 'समय जताता है', "शाला बंद हुई"।

(5)- छंद लावणी, 30 मात्रा, 16-14 पर यति। उदाहरण- 'सपनों का तर्पण होता है।'

(6)- छंद द्विचौपाई, 16+16 मात्रा, अंत में 21 वर्जित। उदाहरण- 'देवालय में दीप जलाते', 'अब धरती पर पानी कम है,' मुझे न सपने मधुर दिखाना'।

(7)- छंद मनोरम, मापनी-2122, 2122। उदाहरण- 'रुचिर अनुपम कल्पनाएं।'

(8)- छंद राधिका 22 मात्रा, 13-9 पर यति। उदाहरण - 'भोर की आवन से'।

(9)- छंद आनंदबर्द्धक, मापनी - 2122, 2122, 212। उदाहरण- 'आज के वातावरण को क्या कहें।'

(10)- छंद श्रृंगार -16 मात्रा, अंत 21। उदाहरण- 'शब्द कुछ होते हैं वाचाल।'

(11)- छंद लौकिक अनाम- मापनी -2122, 1212, 22। उदाहरण- 'रातरानी कहीं अगर महके।'

(12)- छंद मधुमालती 14 मात्रा। उदाहरण-'निज कर्म अपनी साधना।'

(13) छंद वाचिक महालक्ष्मी, मापनी- 2122, 1221, 2। उदाहरण- 'बात करने लगे जीत की।'

(14)- छंद उल्लाला, मापनी- 12,12,12,12,। उदाहरण - 'रहे सुवास प्यार की।'

(15)- छंद शंकर, 26 मात्रा, 16-10 पर यति। उदाहरण- 'जिंदगी क्या खूब।' छंद सुखदा, 22 मात्रा, 12-10 पर यति। उदाहरण- मृदुल बही मलयानिल, मंथर सी चाल।

इसके अतिरिक्त दीप्ति जी ने अपने कुछ गीतों में मिश्रित छंद यानी मुखड़े

और अंतरे में दो छंदों का प्रयोग भी अद्‌भुत कौशल से किया है। जैसे कि गीत 'घर के आंगन में गौरइयां' में मुखड़ा और पूरक पंक्तियां द्विचौपाई छंद (16+16) में और अंतरों में छंद सार (16+12) का प्रयोग हुआ है। इसी प्रकार के कई गीत हैं।

समग्रत: संग्रह के सभी गीत हृदय से निसृत साधना की व्यापक रूपमयता के अनमोल गीत हैं जो गीत- अनुरागियों को नि:संदेह प्रभावित करने की अपूर्व क्षमता रखते हैं और काव्य जगत में चर्चा का महत्वपूर्ण बिंदु बनने का सामर्थ्य लेकर नवीन क्षितिज को स्पर्श करते हैं। कथ्य की अवधारणा में कलात्मकता और सूक्ष्मता के साथ गीतिमत्ता का समावेश, उत्तम शब्दसंयोजन और अनुभूति की स्वाभाविक तीव्रता है जो अन्तर्मन का सुरुचिपूर्ण सटीक मृदु निनाद और अपने बदलते परिवेश की चिंताजनक परिस्थितियों के सत्य को परखने की प्रेरणा का संवाहक है। लाक्षणिक शब्दों के प्रयोग गीतों के सौन्दर्य में वृद्धि कर रहे हैं। नि:संदेह उक्त संग्रह दीप्ति मिश्रा जी के समर्पित रचना-कौशल का परिचायक है। मुझे विश्वास और गहन आश्वस्ति है कि प्रस्तुत संग्रह दीप्ति मिश्रा को सुयश दिलाने में सक्षम और प्रभावी सिद्ध होगा। दीप्ति जी की रचनाधर्मिता को नमन करती हुई मैं अशेष मंगलकामनाएं प्रेषित करते हुए उनके दीर्घ जीवन तथा यशस्वी साहित्य साधना के लिए ईश्वर से प्रार्थना करती हूँ।

कान्ति शुक्ला
भोपाल (म. प्र.)

प्रीत के अनुबंध

माँ हँसवाहिनी के चरणों में नमन करके जब किसी भी लेखन का श्रीगणेश किया जाता है तब माँ का ममता भरा शुभाशीष कलम की नोक पर आ बिराजता है और कविता सफल हो जाती है।

लगभग 60 रंग-बिरंगे काव्य-पुष्पों से सजा 'प्रीति के अनुबंध' का कवियित्री दीप्ति मिश्रा का यह गुलदस्ता अपनी ओर बरबस ही आकर्षित करता है।

इस मनभावन गुलदस्ते के फूलों का चयन दीप्ति ने बड़े मनुहार से किया है।

अपनी मातृभूमि के प्रति समर्पित भावों की यह कवयित्री मातृभूमि के साथ अपनी भाषा व बोली के प्रति पूरी निष्ठा से समर्पित, गर्वित है।

इस गुलदस्ते से फूलों सा बचपन भी झाँककर नव-यौवना के चपल, चंचल मन के समक्ष कई प्रश्न परोसता दृष्टिगत होता है तो पीर के पिघलने की अभ्यर्थना भी करता है।

संवेदनशील मन की उदासी कवियित्री के समक्ष 'क्या खोया, क्या पाया' का गणित हल करती दृष्टिगत होती है तो वे ही शब्दांकुर अंत में इस सकारात्मक भाव से ओतप्रोत होते हैं कि जो स्वाभिमान से जीना जानते हैं निश्चित ही हर समस्या से टकराकर अपने लक्ष्य पर पहुँचते हैं।

दीप्ति मिश्रा के गीतों में लयबद्धता है, इन्हें सहज ही गाया जा सकता है।

इनका यह प्रथम काव्य-संग्रह है किंतु धीर, गंभीर रस से ओतप्रोत है। संवेदनशील रचनाएँ मन में सिमटकर एक गुनगुनी लहर की भांति तरन्नुम में सहज ही बहने का मार्ग तलाशती नजर आती हैं।

मैं कवियित्री दीप्ति को सुंदर, संवेदनशील रचनाओं के लिए साधुवाद प्रेषित करती हूँ और पूर्ण विश्वास रखती हूँ कि इस काव्य-संग्रह का काव्य-संसार में यथोचित स्वागत किया जाएगा व भविष्य में इनकी कलम से माँ शारदे की अनुकंपा निरंतर झरती रहेगी।

अशेष शुभकामनाओं सहित

डॉ. प्रणव भारती

अहमदाबाद, गुजरात

'भीड़ से अलग है कुछ...'

आज के दौर में कविताओं की भीड़ है और एक अच्छा पाठक इस भीड़ में अपने भाव ढूंढता है, वह कविताओं में खुद को खोजता है।

युवा कवियित्री दीप्तिजी मिश्रा की कविताएं इसलिए भी पढ़ी जानी चाहिए, क्योंकि उनकी रचनाओं में भावों से भरा जनमन का सामाजिक परिवेश महसूस होता है। उनकी रचनाओं में कल्पनाओं का कहीं भी अतिशय चित्रण नहीं है, जो कि वास्तविक जीवन में संभव ही नहीं हो। ऐसे क्लिष्ट शब्द भी नहीं है जो सामान्य काव्यप्रेमियों की समझ से बाहर हो। अपितु शब्दों का चयन सहज, संतुलित और स्तरीय है, जो भावों को व्यक्त करने के लिए पर्याप्त है।

मेरी बात का समर्थन दीप्ति जी की यह दो पंक्तियां भी करती हैं..

'मुझे न सपने मधुर दिखाना संघर्षों में जीवन काटना।'
'मुस्कानों में मत भरमाना अब आहों के घर में पलना'

यह अच्छी बात है कि सोशल मीडिया के दौर में पिछले कुछ वर्षों में कई रचनाकार सामने आए हैं, लेकिन उनमें अधिकांश ऐसे हैं जो बिना साधना के, बिना तपन के, बिना जतन के बोनसाई पेड़ की तरह जल्द ही प्रचारित हो जाना चाहते हैं। ऐसे रचनाकारों की भीड़ से अलग दीप्ति मिश्रा लंबे समय से रचना कर्म निभा रहीं हैं। उनकी रचनाओं में हिंदी व्याकरण, अलंकार और कहन का स्तर दिखाई देता है। दीप्ति जी की इन दो पंक्तियों से भी यह बात झलकती है...

'मधु नैनों में, मधु वाणी में, मधु से भींगा मन।'
'किस मधुकर ने छीन लिया है, निश्चल सा बचपन।'

उम्र और अनुभव के लिहाज से दीप्ति मिश्रा के लिए अभी साफ है अनंत आकाश और कई उम्दा उड़ाने भरना शेष है।
हार्दिक शुभकामनाएं...

प्रदीप जोशी
प्रभारी संपादक राजस्थान पत्रिका,
गुजरात (सूरत)

आत्मकथ्य

समाज और व्यक्ति के लिए कविता की उपादेयता को कभी नकारा नहीं जा सकता। भाव, विचार, कल्पना, शिल्प और अनुभूति में भाव तत्व हमारी चेतना को तीव्रता से आंदोलित करता है। कविता में वह बल है जो शक्ति का संचार और सौन्दर्य बोध को जाग्रत करता है। कविता सदा से ही मानव की प्रेरक और अवलंब रही है जो हर्ष, विषाद, प्रेम, संयोग-वियोग, प्रकृति, देश प्रेम के अनेक प्रयोजनों में सार्वभौमिक उदात्त कल्पना, उत्तम कथ्य, उत्कृष्ट भाव और सार्थक विचार के माध्यम से कलात्मक मूल्यों के महत्व को उद्भासित करती रही है। काव्य का लक्ष्य भावों और रसों की व्यंजना है।

जो रचना सहज रूप में गेयत्व और स्वानुभूति पर अबलंबित होती है, सहज उद्गार उतनी ही तीव्रता से प्रवाहित होते हैं, उसकी कोमलता आनंददायी और मधुर होती है। कविता की मुख्य प्रेरणा ही आत्मानुभूति है और वही जब स्वाभाविक गतिमय होकर गेय स्वर लहरी में अभिव्यक्त होती है तो गीत बन जाती है। यह अनुभूति अत्यंत व्यापक है। व्यष्टि, समष्टि और समग्र परिवेश के लिए भाव की तीव्रता, सत्यता और सुकोमलता का घनीभूत प्रकाशन है। भाव के आत्म प्रकाश का पल्लवन गीत के रूप में रागात्मक सत्य का संश्लिष्ट चित्र उकेर देता है।

मैं विद्यार्थी जीवन से ही अपने पाठ्यक्रम की पुस्तकों के अतिरिक्त समय मिलने पर महान लेखकों और कवियों की प्रसिद्ध पुस्तकें जो मेरे घर में माँ की साहित्यिक अभिरुचि के कारण सहज उपलब्ध थीं- पढ़ने की लगन लगा बैठी थी। इस शौक ने मुझे भी अपनी भावनाएं व्यक्त करने का साहस दिया। मेरे स्वभाव की भावुकता, संवेदनशीलता और चिंतन करने की प्रवृति ने भी अपने मनोभावों को लिपिबद्ध करने की ओर उन्मुख किया। फलस्वरूप ग्यारहवीं कक्षा में अध्ययन रत रहते हुए ही समाचार पत्रों में कहानियां और कविताएं प्रकाशित होने लगीं और आकाशवाणी के युववाणी कार्यक्रम में भी मुझे अनेक अवसर प्राप्त हुए जिससे मुझमें उत्साह और ऊर्जा का संचार हुआ और मैंने नियमित लिखना आरंभ कर दिया। कॉलेज में भी मेरा लिखने का क्रम जारी तो रहा पर विज्ञान की छात्रा होने

के कारण अपने शौक को अधिक समय नहीं दे पाती थी। एम.एस.सी. पूर्ण करते ही शादी हो गई तो पति की सर्विस के कारण मध्य प्रदेश छोड़कर गुजरात आना पड़ा और यहाँ आकर मेरे लेखन में व्यवधान आ गया। मैं हिन्दी भाषी और यहाँ अधिकांश पत्र-पत्रिकाएं गुजराती भाषा में मिलती थीं। मै एमएससी,बीएड और एमफिल करने के साथ विज्ञान व्याख्याता के पद पर जब नियुक्त हुई तब मेरे परिचय का दायरा बढ़ा। कुछ समयोपरांत अहमदाबाद दूरदर्शन के हिन्दी भाषा के कार्यक्रम में सहभागिता करने और डीडी नेशनल टीवी के लिए प्रख्यात विभूतियों के कुछ साक्षात्कार लेने का मौका मिला जिससे मैं पुन: लेखन में प्रवृत्त हुई। जीवन के कुछ महत्वपूर्ण वर्ष निष्ठापूर्वक अपने विद्यार्थियों को पढ़ाने में निकल गए, एच.ओ.डी. के पद तक पहुँची फिर अपने पति के सहयोग से अपनी कंपनी खोली और समयाभाव के कारण सर्विस छोड़ने का निर्णय लिया। अपनी घर गृहस्थी और कंपनी संभालते हुए जब भी समय मिलता, कुछ न कुछ लिखती रही। फेसबुक से जुड़ी और कुछ ऑनलाइन काव्य पाठ भी किए। कोरोना काल में घर में ही बंद रहने के कारण मैंने पुन: अपने लेखन पर गंभीरतापूर्वक विचार किया तो लगा कि डायरियों में लिखी रचनाओं को व्यवस्थित रूप देना ही चाहिए।

मुझे गीत बचपन से प्रिय लगते रहे हैं तो पहले मैंने गीत विधा पर ही ध्यान देना शुरू किया। अपनी माँ से सुने भजन, कविताएं, लोरी, लोक गीत अथवा फिल्मी गीत मुझे लुभाते रहे हैं जो मेरी प्रेरणा बन गए। पूर्व में मैंने छंदमुक्त रचनाएं भी लिखीं बल्कि सच तो यह है कि एक और संग्रह छपने योग्य अतुकांत रचनाएं मेरी डायरी की धरोहर हैं परंतु बात मन की संतुष्टि की रही तो गीतों की अभिरुचि ने ही गीत सृजन की धारा से जोड़ दिया और धीरे-धीरे गीत लिखने का क्रम चला। इस प्रकार यह संग्रह तैयार हुआ। कुछ गीत नये लिखे हैं तथा कुछ प्रारंभ के लिखे गीत भी मैंने संग्रह में सम्मलित किए हैं।

यह निर्विवाद सत्य है कि छंद हमारी संस्कृति के अटूट अंग, गति और रागात्मक संस्कार हैं और स्वाभाविक रस निष्पत्ति के लिए हमारे अनेकानेक सनातन छंद चाहे वह वर्णिक हों या मात्रिक सभी गीत के सृजन के लिए सर्वथा उपयुक्त हैं जिनको आधार मान भाषा शैली और संवेदनात्मक धरातल पर सुंदर सटीक गीत रचे जा सकते हैं। यद्यपि मुझे छंदों

का अधिक ज्ञान नहीं, अल्पज्ञ हूँ परंतु जो न्यूनाधिक समझ पाई हूँ, उन्हें आधार मानकर प्रस्तुत गीत लिखने की कोशिश की है। इस कोशिश में कितनी सफल हो पाई हूँ, यह निर्णय आप सभी का है। यह मेरा प्रथम गीत संग्रह है। इस संग्रह को प्रकाशित करने में मेरे माता-पिता का आशीर्वाद, बहनों और भाई की शुभकामनाओं और मेरे परिवार की शुभेच्छा के अतिरिक्त मुझे परम आदरणीय प्रज्ञान पुरुष पं. सुरेश नीरव जी से जो प्रेरणा, मार्गदर्शन, आशीर्वाद और सहयोग प्राप्त हुआ, उसके लिए मैं कृतकृत्य हूँ, ऋणी हूँ और आदरणीय की सदाशयता को विनम्र नमन करती हूँ। आदरणीया प्रणव भारती जी, आदरणीया कान्ति शुक्ला जी और आदरणीय प्रदीप जोशी जी का मैं हृदय से आभार व्यक्त करती हूँ जिनके आशीर्वचन मेरी अमूल्य निधि हैं।

यह संग्रह मेरे मनोभावों और स्वानुभूतियों की अभिव्यक्ति का एक अकिंचन प्रयास मात्र है जो आप जैसे सुधी पाठकों के हाथों में हैं। आप सभी पाठक गीत के विद्वज्जन अपनी प्रतिक्रियाओं से अवश्य अवगत कराएंगे, ऐसी अपेक्षा है तभी अपना श्रम सार्थक समझूँगी। आप सभी को नमन।

दीप्ति मिश्रा
पता- बी-3/405
रॉयल ड्रीम, चला
वापी (गुजरात)
पिनकोड- 396191
मोबाइल- 9510242892
ईमेल- dipti-mishra1999@gmail.com

अनुक्रमणिका

(1)

हे मात हंसवाहिनी

हे मात हंसवाहिनी, सुज्ञान की प्रदायिनी
शारदे के चरणों की, महिमा अपार है।
विवेक और सुबुद्धि दो, शुचित भाव शुद्धि दो,
कमलआसिनी मेरी, इतनी पुकार है।
चरणों में ध्यान रहे, सत्य का सम्मान रहे,
रोम रोम आपकी ही, भक्ति का संचार है।
सरस्वती सुभाषिनी, आप जगततारिणी,
आपकी कृपा ही मेरा, जीवन आधार है।

(2)

अनुरक्त मन

अनुरक्त मन जब तोड़ देता भाव के बंधन।
प्रीत के उन्मेष का होता सलोना आचमन।
कल्पना का जगत जब विस्तृत कभी होने लगे
तब सृजित होते मृदुल से गीत मनभावन।

(3)

भारत माँ के भाल पर

भारत माँ के भाल पर, हिमगिरि मुकुट विशाल।
करे प्रक्षालित चरण जब, सागर परम निहाल।

अपने वीर जवान ये, जिनकी नहीं मिसाल।
भारत-भू के लाड़ले, सदा कंठ जयमाल।

लहराता है तिरंगा, उज्जवल शुचि ले भाल।
जब तक तारे, चाँद हैं, अमर रहे बन ढ़ाल।

(4)

अपनी बोली

अपनी बोली है अपना धन।
जननी की ममता सा है मन।

भारत है बहुभाषी देश।
अलग-अलग सबका परिवेश।
पर हिंदी जन-जन की भाषा।
देती सदा यही संदेश।
संपर्कों का सूत्र रही बन।
अपनी बोली है अपना धन।

हिंदी भाषा सहज महान।
फिर भी वैज्ञानिक प्रतिमान।
हिंदी से विकसित हो मष्तिष्क-
स्वर- व्यंजन का अद्‌भुत ज्ञान।
स्वाभिमान का सक्षम जीवन।
अपनी बोली है अपना धन।

एक दिवस न करें समर्पित।
हर क्षण हर दिन कर दें अर्पित।
अपनी वाणी अपनी मात-
बोलें सदा रहेंगे गर्वित।
हिंदी अपने दिल की धड़कन।
अपनी बोली है अपना धन।

(5)

कली-कली रही विहँस..

उगी प्रखर प्रकाश की सुमोहिनी किरन धवल।
प्रभात के विभास की सुमंगली शुभा विमल।

मदिर समीर डोलता सुवास घोलता सरस।
खिले सुमन नवीन हैं कली-कली रही विहँस।
वसुंधरा हरित अनूप भोर की छटा अमल।

नदी किलोल में मगन तरंग लोल मोहती।
यहाँ-वहाँ जगी सुभोर रस अपार घोलती।
करें विमुग्ध लोक को कि झील में खिले कमल।

जहाँ मिलें धरा गगन वहीं तलक चलो चलें।
वहाँ ही प्रेम भाव से सपन सभी पलें फलें।
बँधी प्रगाढ़ डोर सात जन्म की सुदृढ़ सबल।

(6)

मधु वाणी में

मधु नैनों में मधु वाणी में, मधु से भींगा मन।
किस मधुकर ने छीन लिया है, निश्छल सा बचपन।

धरणी का शृंगार अनोखा, रूप सजाये हैं।
कण-कण भेष अलंकृत जैसे, मोहक भाये हैं।
किसलय कलियां कुसुम सजीले, सब आए बनठन।

किसकी है पदचाप मृदुल सी, मन बहका बहका।
बदली बदली चालें ऋतु की, मौसम है महका।
कुछ तो परिवर्तन है मुझमें, देखा जब दरपन।

सांसों में चंदन घुलता सा, नैनों में सपने।
है मयूरपंखी सी चितवन, ढूंढे प्रिय अपने।
कुछ शंकित सी कुछ अकुलाई, लगती है धड़कन।

पाँवों की थिरकन में बजती, मोहक थाप भली।
चपल-चपल कदमों से अपने, भू-नभ नाप चली।
मन की बातें किससे कह दूँ, सोचूँ मन ही मन।

(7)

पीर जाए पिघल

आज मन है विकल।
नैन हैं फिर सजल।

उल्लसित है धरा
खिल रहे पुष्प दल।
है तरंगित जलधि
जिंदगी है नवल।

अब प्रतीक्षक किरण
चाँदनी है धवल।
मौन में व्यग्रता
भाव होते विह्वल।

जो मृदुल भावना
क्यों रही है मचल।
कुछ समय हो निजी
पीर जाए पिघल।

(8)

सपनों का तर्पण होता है..

जब मन की गलियों में अपनी
यादों का विचरण होता है।
तब बिछड़ी सी साधों के भी
सपनों का तर्पण होता है।

कुछ अपनों के कुछ सपनों के
जब आघात जताते हैं।
कुछ बातों के, कुछ घातों के
झंझावात सताते हैं।
कुछ मीतों के कुछ गीतों के
दिए दर्द आकुल होते-
क्या पाया है क्या खोया है
सारे गणित मिलाते हैं।

तब शून्य हृदय का फिर
खाली-खाली सा दर्पण होता है।

कुछ ममता का कुछ क्षमता का
हमको रहा भरोसा है।
आशा के प्रेरक रंगों ने
हमको पाला पोसा है।

मिली पराजय जब अपनों से
रोने का अवकाश नहीं
लेकिन अक्सर दुविधाओं ने
व्यापक द्वंद परोसा है।

तब विद्युत बन आँख का काजल
संग में हर क्षण होता है।

ग्राम्य वधू जब ओट लिए हो
घूंघट में मधुरिम हँसती।
महावर रंजित सुकुमार चरण
धरणी पर धीमे धरती।
चंचल चपल पगों से जब
गागर ले पनघट पर जाती
कोमल हाथों से अपने जब खुद
वह कठिन परिश्रम करती।

तब देख सुपावन दृश्य प्रफुल्लित
भू का कण-कण होता है।

(९)

चित्र सजीले बिखरे फागुन में..

रंग रंगीले चित्र सजीले
बिखरे फागुन में।
प्रकृति नटी के सपन सलोने
सँवरे फागुन में।

यौवनगंधा धरा पुलकती
सिमटी सकुचाई।
उपवन में वैभव बिखराती
कलिका हरषाई।
पाया नव श्रृंगार अनूठा
भू के कण-कण ने
सज्जित जो नववधू सरीखी
महके इठलाई।

कोयल कुहके, बहके कपटी
भँवरे फागुन में।

तरुणाई का मृदु दुलार
फसलों में शोभित है।
सरसों प्रमुदित, आम रसीले,
अलसी गर्वित है।

गेहूँ की हैं पकी बालियाँ
देख कृषक मोह
लतिका नयी झूमती मद में
होकर प्रफुलित है।

धूप सुनहरी तपे दिवस अब
ठहरे फागुन में।

नवजीवन आया धरती पर
आशा नयी फली।
चैती फाग गीत गाने को
टोली मचल चली।
मादक महुआ बौराए से
पल-पल महक रहे-
ओढ़ ओढ़नी रंग बिरंगी
गोरी लगे भली।

मन द्वारे पर नेह निमंत्रण
गहरे फागुन में।

(10)

श्वासों की सौंधी गंध लिखें..

एक बार फिर से श्वासों की
सौंधी गंध लिखें।
निश्छल नेह समर्पण का हम
ललित निबंध लिखें।

दूर दूर तक फैल गए हैं
रेतीले जंगल कितने।
मैली नदियों की आँखों में
चिंता के बादल कितने।
सन्नाटा बुनते भवनों की
हलचल कितनी यांत्रिक है
मन अपना बेकल सा ढूँढ़े
मोहक गीत गजल कितने।

कुछ अपनों के कुछ सपनों के
मधुरिम बंध लिखें।

संबंधों में स्वार्थ आ गया तो
अपनापन खोया है।
दूषित मन ने बदल मुखौटे बस
कटुता को बोया है।
स्वार्थसिद्धि का लक्ष्य धारके
अंतस कैसे सात्विक हो

इस धारा में भावुकता ने
मौक्तिक अश्रु पिरोया है।

संबंधों के बचे खुचे
अब तो अनुबंध लिखें।

जहाँ प्रीत के पुख्ता पुल थे
दिखतीं हैं अब दीवारें।
द्वार द्वार पर हमें बांधना
कमियों की वंदनवारें।
कहते नव दिनमान उगा पर
लगता तमस घनेरा है
निर्मित कर दीं घोर विषमता ने
ऊँची सी मीनारें।

कुछ अभाव के द्रवित भाव से
आशा छंद लिखें।

संबंधों में मृदु संबोधन का
अभ्यास नहीं मिलता।
भाव बोध का अर्थ व्यर्थ, निस्पृह
विश्वास नहीं मिलता।
नयी सदी के नवाचार ने
सीमित संसृति कर डाली
रिश्तों को ठुकरा दें लेकिन
यह इतिहास नहीं मिलता।

अंतहीन अभिलाषाओं में
अब प्रतिबंध लिखें।

(11)

अनायास ही हाथ जल गया..

देवालय में दीप जलाते
अनायास ही हाथ जल गया।
छाई है क्या गहन उदासी
या बाती का स्नेह छल गया।

कानन में पलाश हैं महके।
महुआ भी लगते हैं बहके।
कचनारों की कलियां सरसित
अमराई में कोयल कुहके।
सूरज भी मानो गालों पर
सिंदूरी रंग आज मल गया।

जब से शुभ फागुन आया है।
सतरंगे सपने लाया है।
हैं बौछारें विविध रंग की
सुख सपनों में भरमाया है।
देहरी द्वार प्रतीक्षा में रत,
जादू ऋतु का रुचिर चल गया।

चैती, होरी, फागें गाते।
फगुआरों के दल हैं आते।
सुनकर मधुरिम तानें रस की
विरही मन व्याकुल हो जाते।
फागुन की अगुआई करना
लेकिन जिनको बहुत खल गया।

(12)

अब धरती पर पानी कम है..

जल के स्त्रोत हुए हैं गहरे,
अब धरती पर पानी कम है।
आस- प्यास तो बहुत बढ़ी है,
लेकिन लगन दिवानी कम है।

ताल तलैया पोखर झीलें,
मेघों के मुख को तकतीं हैं।
कौन गजब पावस ऋतु ढ़ाए,
सोच सोच कर ही थकतीं हैं।
अंबर पर पुरबा-पछवा भी,
भेष आँधियों का धरतीं हैं।
प्रकृति कौन आलेख लिखेगी,
आशंकाएं भी रहतीं हैं।

कंकड़ पत्थर रेत बहुत है,
नदिया धार रवानी कम है।

यद्यपि धरा हरी करने को,
बादल लेकर आता आशा।
बूंद-बूंद बन करे समर्पण,
मन में है सुंदर अभिलाषा।
लेकिन बदले मूल्य सभी हैं,

संवेदन वे नहीं रहे हैं
संकल्पों पर अवगुंठन है,
फूल रही है मात्र हताशा।

जलन बहुत है, तपन बहुत है,
श्रम की सुगढ़ कहानी कम है।

बादल भी सागर से मिलकर,
बदले बदले से लगते हैं।
गर्जन, गहन नाद सम होता,
भीतर से उथले लगते हैं।
प्यासी नदिया सूने पनघट,
धरती का सीना है चटका
पपिहा करुण बोल तो बोले,
पर स्वर फिसले से लगते हैं।

कथन बहुत हैं जतन बहुत हैं,
बांटें -वो गुड़धानी कम है।

ढ़ाई आखर भूल गए हम,
नफरत की मिलतीं सौगातें।
मान ह्रदय से कौन करे अब,
मातें, घातें और प्रतिघातें।
सांसों का अपना मौसम है,
कब आए और कब थम जाए-
धोखे छल की सजीं दुकानें,
बढ़ बढ़कर करतीं हैं बातें।

वाद बहुत परिवाद बहुत हैं,
पर संवाद जुबानी कम हैं।

(13)

रुचिर अनुपम कल्पनाएं..

विविध अनगढ़ सुगढ़ताएं।
रुचिर अनुपम कल्पनाएं।

शुभम ज्योतित संसृति है।
लोक व्यापक संस्कृति है।
भिन्न जीवन शैलियों की
शुचि धरोहर संस्मृति है।

हो रहीं जीवंत अपनी
आस्था की धारणाएं।

लोक के संग्रह लुभाते।
परम्पराएं निज बताते।
देखकर मन तृप्त होता।
चित्र ये अनुपम बताते।

किस तरह विकसित हुई हैं,
ये परिष्कृत सभ्यताएं।

पर्णकुटियों की विविधता।
अथक श्रम सीकर महकता।

भव्य चित्रांकन सुशोभित।
हस्त कौशल है झलकता।

दक्षता से हैं तराशीं,
स्वप्न दर्शी सी कथाएं।

देखते हैं हम जहाँ पर।
अतुल वैभव है वहाँ पर।
जो प्रकृति ने दी अनोखी।
संपदा संग्रहित यहाँ पर।

झील झरने घने जंगल,
नदी, पर्वत-श्रृंखलाएं।

सबल मन की शक्तियों के।
मनुज की बहु प्रवृत्तियों के।
मूर्तियां हों या मुखौटे।
बिम्ब जीवन वृत्तियों के।

भाव भी अनुभाव भी हैं,
कुछ अनूठी चेष्टाएं।

मनुज का जिज्ञासु मन है।
खोजता कितने जतन है।
रहन सहन सहज पद्धति।
संस्कृति का यह सुधन है।

मान अपना ये विरासत,
प्रगति की संभावनाएं।

(14)

घर के आंगन में गौरइया..

घर के आंगन में गौरइया
आकर के बहला जाती है।
अब आने में डर लगता है
चुपके से बतला जाती है।

जगह-जगह निर्मित हैं अब तो
मोबाइल के टावर।
हवा विषैली कौन जगाए
तुम्हें भोर में आकर।

खेतों पौधों पर जो डाली
दवा बहुत दहला जाती है।
अब आने में डर लगता है
चुपके से बतला जाती है।

नहीं दिखाई देते घर-घर
जल से भरे सकोरे।
पक्षी आकर प्यास बुझाएं
करते रहे निहोरे।

ऊँचे भवनों के विलास की
निष्ठुरता जतला जाती है।
अब..।

लुप्त प्रजाति हमारी होती
करता चिंता कौन।
मधुरिम चीं चीं की बोली भी
होती जाती मौन।

अब नेहा के घट हैं रीते
निज पीड़ा सहला जाती है।
अब....

(15)

नयी परीक्षा नवल साधना है...

भावों की विचलित धारा को,
कठिन थामना है।
लगता जैसे नयी परीक्षा,
नवल साधना है।

जब फूलों की मुस्कानों का
सौरभ है छलता।
ओस कणों की कोमलता को,
नैनों में भरता।
अलसाया तन-मन है लेकिन,
सुबह जागना है।

देर रात तक जाग-जागकर,
भोगे दुष्परिणाम।
दिन में चैन न रातों को ही,
मिलता है विश्राम।

नई कार्य की पद्धतियों से,
विकट सामना है।

फूलों कलियों की बातें तो,
जैसे सपन बनी।
होली दीवाली भी जैसे,
रोते हुए मनी।

प्रतिस्पर्धा के जग में खुद को,
रोज आंकना है।

(16)

भले अँधेरी रात..

नहीं बहेंगे अश्रु नयन की कोर से।
भले अँधेरी रात दूरियां भोर से।

नीरव एकांत सितारे।
जब घुल घुल मरें बिचारे।
तब चाँद शिथिल हो डूबे।
रवि को सौंपे उजियारे।

अरुण छटा दर्शित हो प्राची छोर से।
नहीं बहेंगे...

जबसे तुमको है पाया।
मन भावुक हो हर्षाया।
आँखों में कुछ नूतन से।
सपनों की कोमल छाया।

बाँधी जब से गांठ नेह की डोर से।
नहीं...

देने को लांछन ताने।
कुछ अपने कुछ बेगाने।
हम भी अपवाद नहीं हैं।
जग हमको लगा रुलाने।

कुछ घिरने लगे अँधेरे चारों ओर से।
नहीं...

इंगित करती जब आशा।
तब होती दूर हताशा।
मन आत्मविवेचन करता।
जाग्रत होती अभिलाषा।

जीतेगा मधुमास पतझड़ी जोर से।

(17)

समय जताता है..

मन को कितना भी समझा लूँ,
पर अकुलाता है।
कुंजन कानन उपवन मधुवन,
चैन न आता है।

कैसी हवा विषाक्त चली है,
समीकरण बदले।
सारा वैभव बना छलावा,
प्रश्न सभी उलझे।
सन्नाटा जो नियति बन गया,
अब दहलाता है।

कब सोचा था किसने ऐसा,
समय अजब होगा।
सभी युक्तियां विफल रहेंगी,
हश्र गजब होगा।
दूर-दूर ही रहना होगा,
झूठा नाता है।

माता पिता बंधु बांधव कुछ,
काम न आते हैं।
सत्य सनातन सार यही पर,
देख डराते हैं।
सद्गति के हित साध्य न साधन,
समय जताता है।

भरना पेट बनी मजबूरी,
सब वैभव फीका।
बंद हुए हैं द्वार ईश के।
नहीं लगे नीका।
अब आतंकित है जग सारा,
सहमा जाता है।

(18)

भोर की आवन से..

सारी कुंठा त्याग झांक वातायन से।
पूरे रवि ने चौक रश्मि–रूपायन से।

शीतल मंद सुगंध चल रही पुरबाई।
चरने जातीं धेनु छनन छन ध्वनि आई।
कलरव का गुंजार चहकते आंगन से।

निर्मल नदिया–धार बह रही है कल–कल।
श्वेत फेन बौछार करें झरने छल–छल।
गुंजित मंत्रोच्चार देव–आवाहन से।

विहँसे सुरभित फूल करें भँवरे गुन–गुन।
मंद्र सप्त स्वर नाद लगे प्यारी धुन सुन।
नर्तन करें मयूर ताल सुर पावन से।

गौरैया ने फुदक पंख अपने खोले।
काग कर रहा शोर सारिका शुक बोले।
तुहिन कणों से सजे वृक्ष मनभावन से।

चहल-पहल है शुरू रुचिर घर बार जगे।
आलस को कर दूर सभी निज काम लगे।
दाना चुगें कपोत शांति सत्यापन से।

नीरांजन के बोल मधुर देवालय के।
पहन चले गणवेश बाल विद्यालय के।
जागृति के संदेश भोर की आवन से।

(19)

सपनों का गाँव जले..

दाहक सी स्मृति में सपनों का गाँव जले।
अधरों के गीत मौन वीणा पर आज पले।

रीती है निंदियारे नैनों की भाषा।
दिक्भ्रम सा करती है मिलनातुर आशा।
आतंकित घबराता अपना ही बोझ लिए।
मानस का विहग उड़े सांसों के गगन तले।

छहराती इठलाती बदली कब छलक गई।
गदरायी उबरायी बगिया कब महक गई।
वासंती सुषमा सा मौसम है मन का।
गीतों की बंजारन अपने को आप छले।

नयनों में तिरती है बदली कुछ भादों की।
बिन खोले खुलतीं हैं परतें अब यादों की।
अनबोले भावों को कहने को आतुर।
मोती सम बिंदु नैन सीपी से आज ढ़ले।

(20)

दीपावली- अब जलाना है हृदय में -

है अँधेरा सा सघन और काल है संत्रास का।
अब जलाना है हृदय में, दीप दृढ़ विश्वास का।

खो गई संवेदनाएं, मूक हैं नव कल्पनाएं।
भूलते से जा रहे हम, प्रेम की जैसे कथाएं।
छटपटाते प्राण, अनुभव भयजनित उद्‌भास का।
अब जलाना है हृदय में, दीप दृढ़ विश्वास का।

क्लांत तन-मन हो रहा था, ऊर्जा नव आ गई।
फिर नवल उत्साह की, आभा मुखों पर छा गई।
अब बढ़ीं फिर रौनकें, संचार है नव आस का।
अब जलाना है हृदय में, दीप दृढ़ विश्वास का।

फूल कलियां महकते हैं, साँझ अनुपम सोहती।
स्वर्ण विद्युत रश्मियां हैं जो धरा को मोहती।
मन हुआ सबका प्रफुल्लित, पर्व है उल्लास का।
अब जलाना है हृदय में, दीप दृढ़ विश्वास का।

जो अभावों में पलें, उनका रखें हम ध्यान भी।
सहज संवेदन रहे, सद्‌भाव का संज्ञान भी।
ज्योति का हो पर्व शुभ, आलोकमय आभास का।
अब जलाना है हृदय में, दीप दृढ़ विश्वास का।

(21)

क्या कहें

आज के वातावरण को क्या कहें
नित बदलते आचरण को क्या कहें।

काट डाले वृक्ष होकर निर्दयी से।
लोभ लालच अतिशयी से।
आज के पर्यावरण को क्या कहें।

अब हवा पानी जहर से हैं भरे।
इस प्रदूषण से मनुज लगते डरे।
रोज होते इस क्षरण को क्या कहें।

जो नहीं संभले बहुत पछताएंगे।
कई सदियों तक संभल न पाएंगे।
कृत्रिम डाले आवरण को क्या कहें।

उग रहे कंक्रीट के जंगल शहर में।
घुट रहे दम हो रही संकरी डगर में।
लुप्त होते पक्षीगण को क्या कहें।

गिर रहा भूजल का स्तर दिन–ब–दिन।
हर जगह से घट रहा जल, मन मलिन।
प्रगति के बढ़ते चरण को क्या कहें।

लुप्त गौरैया, हवा पानी विषैले।
औद्योगिक अपशिष्ट के हैं जाल फैले।
स्वंय निर्मित आहरण को क्या कहें।

वन्य प्राणी और वन हैं असुरक्षित।
देखकर ये दुर्दशा है हृदय विचलित।
स्वार्थ लालच के वरण को क्या कहे।

है विकट स्थिति लेकिन संभलना है हमें।
प्रगति हो पर प्रकृति के संग चलना है हमें।
सोच के नव जागरण को क्या कहें।

(22)

प्रकृति का दोहन

प्रकृति का दोहन किया, अब ले रही प्रतिकार।
विपदा विकट विधाता, बड़ी विनाश की मार।

हैं भयावह मौत के साए।
जो अचानक ही चले आए।
कारुणिक यह त्रासदी कैसी।
लोग हतप्रभ संभल न पाए।

कुछ बचे कुछ जिंदगी की जंग बैठे हार।

खोखले पर्वत कृत्रिम झीलें।
रात-दिन अंतस मगर सीलें।
बिना सोचे बांध के निर्माण।
अब वही हैं जिंदगी लीलें।

प्रगति की परियोजनाएं लग रहीं हैं भार।

बलि को लेने वाला विकास।
जब-तब मिलता है नया त्रास।
सुखकर प्रकृति का मूल स्वरूप।
छेड़ोगे तब है सर्वनाश।

समय रहते सजग होने में निहित सुख-सार।

(23)

आज मैली दृष्टियां....

आज मैली दृष्टियां ढ़ातीं कहर है।
बेटियों जाना नहीं सूनी डगर है।

अब नहीं हैं जागती संवेदनाएं।
बस मिलेंगी जानलेवा यंत्रणाएं।
नाग घूमें जिनकी नस-नस में जहर है।

क्षत विक्षत हैं दुधमुंही किलकारियां भी।
क्रूरता की चल रही हैं आँधियाँ भी।
आसुरी उन्माद की भीषण लहर है।

कौन सी प्रचलित हुई है धारणा जो।
है बड़े तूफान की संभावना जो।
सब विकृत मनवृत्तियों का ही असर है।

(24)

मुझे न सपने मधुर दिखाना..

मुझे न सपने मधुर दिखाना
संघर्षों में जीवन कटना।
मुस्कानों में मत भरमाना
अब आहों के घर में पलना।

छीन लिए बचपन के सपने।
कहने को माँ-बापू अपने।
विद्यालय की राह न जानी।
चले धूप में दहने तपने।
नियति गरीबी ने लिख डाली
घर- बाहर मजदूरी करना।

तसलों का बोझा है भारी।
गरदन है दुर्बल दुखियारी।
कभी होटलों और ढ़ाबों में।
बरतन धोने की है बारी।
डगमग होते पाँव मगर मालिक से
जब-तब है पिटना।

सजे सजाए बालक प्यारे।
धरती पर ज्यों उगे सितारे।
जाते वे विद्यालय हँसकर।
लेकिन हम किस्मत के मारे।
देख देख कर आहें भरना पर।
आँखों में सपने पलना।

हारे थके लौट घर आए।
थोड़ी सूखी रोटी खाए।
मजदूरी के सब पैसों की।
बापू दारू पीकर आए।
तब अम्मा से मारपीट कर रह-रह कर
फिर गाली बकना।

सुनते हैं सरकार सजग है।
पर अपना तो बेवश जग है।
है अपराध बाल श्रम लेकिन।
करनी-कथनी बहुत अलग है।
अपनी मंजिल अपना श्रम है,
धूप-भूख सहकर ही रहना।

(25)

चोट लगी गहरी..

कहो क्या चोट लगी गहरी।
सूखी एक हँसी आकर के।
अधरों पर ठहरी।

हाथ जोड़ सम्मान दिखाते,
मन में चलती तनातनी।
मृदु मुस्कानों के पीछे से,
झाँक रही है नागफनी।

पिछड़ा उजड़ा गाँव लगा जब।
हुई सोच शहरी।
कहो क्या चोट लगी गहरी।

तुलसी का कोने में विरवा,
लिपे पुते घर आंगन हैं।
मन का मृग कस्तूरी खोजे,
शूल सजाए दामन हैं।

देहरी पर आँखों को टांगे।
आशा सोनपरी।
कहो क्या चोट लगी गहरी।

वैमनस्य की कीलें कितनी,
ठुकतीं जाती सीने पर।
बुझा लिया खुद दिया द्वार का,
लानत ऐसे जीने पर।

भावों का अब शीत युद्ध है।
भाषा सुनबहरी।
कहो क्या चोट लगी गहरी।

रहिमन सूर कबीरा हारे,
काग मंच के दंगल में।
मीरा राधा के पद भटके,
कविताई के जंगल में।

तुलसी के अब राम शान से।
घूमते कचहरी।
कहो क्या चोट लगी गहरी।

(26)

घर में बैठे लोग..

घर में बैठे लोग सयाने।
नकली मुसकानें-अकुलाने।

धुँआ-धुँआ सा हर आंगन है।
ठिठुरा सहमा अपनापन है।
निश्छल नेह टंगा खूंटी पर।
खंड-खंड अब मन-दरपन है।

लगते तो हैं कुछ पहचाने।
लेकिन रिश्तों से अनजाने।

सुख सपने रूठे निंदिया के।
इस गहरी जीवन नदिया के।
मोल लगे हैं अब निष्ठुर से-
चुनर, हिना और बिंदिया के।

लगे उजाले अब शरमाने।
तम के गिद्ध लगे मंडराने।

मूक हुए सारे संबोधन।
संदर्भों की विकट है उलझन।

मन सँकरे गलियारे से हैं।
विस्मृत हैं विस्तृत संवेदन।

आँखें चुरा-चुरा दीवाने।
प्रश्न लगे फिर से बतियाने।

धड़कन-धड़कन में कंपन है।
झुलसा-झुलसा वृंदावन है।
संसृति के संतप्त हृदय की।
थमती सांसों में टूटन है।

अंतस में भय हैं अनजाने।
टूट गए सब ताने-बाने।

(27)

नयी सोच दुतिमान..

आजादी के वर्ष पचहत्तर,
हैं अपना अभिमान।
अखिल विश्व कर रहा देश की,
महिमा का गुणगान।

नव गति, नव लय, नये ओज से,
बढ़े प्रगति के पथ पर।
ज्ञान और विज्ञान शक्ति ले,
चढ़े सुयश के रथ पर।
संघर्षों में सतत साधना के,
हैं अनुपम अभियान।

वैज्ञानिक शुचि सोच हमारी,
गढ़े नवल प्रतिमान।
कर डाले तय हमने कितने,
उन्नति के सोपान।
नव विकास की नयी धारणा,
नयी सोच दुतिमान।

अभिनव साधन, आना-जाना,
सुलभ समंदर में।
पैदल चलने वाले उड़ते,
नीले अंबर में।

अंतरिक्ष के रहस्य खोजते,
द्रुतगामी अति यान।

मन विनोद के साधन हों या,
क्षेत्र चिकित्सा हो।
कृषि उत्पादन, बिजली, जल,
संचार-व्यवस्था हो।
करता है विज्ञान अनूठे,
प्रतिपल अनुसंधान।

कम्प्यूटर ने घर-घर ला दी है,
अपूर्व सी क्रांति।
करें अगर उपयोग विवेकी,
नहीं रहे कुछ भ्रांति।
पल में होता संदेशों का,
है आदान-प्रदान।

प्रौद्योगिकी उन्नत तकनीकें,
जीवन सरल हुए।
क्षमता का संवाहक अपनी,
पग-पग सफल हुए।
नवल दृष्टि नव जागृति दे दी,
है विज्ञान महान।

प्रबल शक्ति विज्ञान हमारी,
शुचित साधना है।
नहीं बने अभिशाप कभी भी,
यही कामना है।
मर्यादित उपभोग रहे तो,
है सदैव वरदान।

(28)

शब्द कुछ होते हैं वाचाल..

पवन की मंथर-मंथर चाल।
शब्द कुछ होते हैं बाचाल।

सुनाती कोयल अपनी कूक।
ग्रीष्म दोपहरी नीरव मूक।
भरा तन-मन में अलस प्रमाद।
उठी मन में फिर कैसी हूक।

उमस की तीव्र गति की चाल।
शब्द कुछ होते हैं बाचाल।

स्वेद से भींग उठा है गात।
सुबह दोपहरी हो या प्रात।
छुपे हो किस कोने में मेघ।
जरा आकर कर लो कुछ बात।

झुके सूरज का किंचित भाल।
शब्द कुछ होते हैं बाचाल।

छुए सरिता अपने भी कूल।
विकट गरमी को जाए भूल।

पड़े जब रिमझिम सरस फुहार।
धरा सरसित हो विहसें फूल।

पहन कर हरित रुचिर जयमाल।
शब्द कुछ होते हैं बाचाल।

पवन की मंथर-मंथर चाल।
शब्द कुछ होते हैं बाचाल।

(29)

सुधा जल धार..

चेतना नूतन सजी है सृष्टि के उस पार।
स्वप्न बरसाती सुधा जल धार।

मुग्ध हो जिनके पसीने से धरा आंचल पसारे।
अन्न का वरदान देते हैं कृषक फसलें सँवारे।

ले रही है साधना जिनकी मृदुल आकार।
प्रकृति करती हरितमय श्रृंगार।

कंटकों में मृदु कुसुम सा बंधनों में मुक्त मन।
एक कोमल मंजु लय सा श्रम सधा अभिनव जतन।

धूप बारिश झेलता है कर्ज का ले भार।
पर नहीं वह मानता है हार।

कब अधिक बारिश करेगी फसल को चौपट।
जाने कब आने लगेगी सूखे की आहट।

मन में आशंका के बढ़ते जा रहे अंबार।
फिर भी अपने कर्म से है प्यार।

(30)

सहज संवेदन विकल होने लगे..

प्रीत के अनुबंध छल होने लगे।
सहज संवेदन विकल होने लगे।

छाई है कैसी नीरसता।
बस मात्र अजब सी यांत्रिकता।
ये कैसा कठिन समय आया।
जिसने छीनी वह अल्हड़ता।

स्वार्थ के बंधन प्रबल होने लगे।
सहज आमंत्रण दखल होने लगे।

संबंधों की वह व्यापकता।
खो गई कहाँ वह कोमलता।
नूतन परिवेशों की कटुता।
ले गई छीन वह मादकता।

अश्रु भावुक मात्र जल होने लगे।
संधि के गौरव विफल होने लगे।

गुम हुए स्वयं में मधुरिम स्वर।
है कौन विवशता, नहीं मुखर।
अब भारस्वरूप हुये रिश्ते।
हैं दिशाहीन भटके अंतर।

कंटकों के दल सबल होने लगे।
सुमन आँसू से तरल होने लगे।

(31)

अभी भी नहीं साकार--

अभी भी नहीं साकार वे कल्पनाएं।
बदल दें जगत-धार- संभावनाएं।

धरा से गगन तक नवल चाह बोए।
किया सिंधु-मंथन हृदय को भिगोए।
न वे प्रयत्न अब तक सफल हो सके हैं।
सुधा रस निकलने की आशा संजोए।

न निर्वाण अब तक, न वरदान अब तक।
अहिल्या सी शापित हुई ज्यों शिलाएं।

प्रगति का पखेरू लगा जो विचरने।
नई नीति से राष्ट्र-कल्याण करने।
मिले किंतु अवरोध कितने डगर में।
हमारे भी हमसे लगे किंतु जलने।

गूँजे प्रलय गान, बेढ़व लिए तान।
हुई आज लज्जित वो वैदिक ऋचाएं।

उदय तो हुआ पर लगा अस्त जैसे।
हृदय हो रहा भीत संत्रस्त जैसे।

असंतोष के स्वर प्रखर हो रहे हैं।
तिमिर पाश से पथ नहीं मुक्त जैसे।

बीती विषम रात पर न मधुर प्रात।
लगी ज्यों विफल सी सभी योजनाएं।

(32)

वक्त का साथ जो निभाते हैं

फूल खुशियों के जो खिलाते हैं।
वक्त का साथ वो निभाते हैं।

एक उम्दा से ख्वाब को लेकर।
बुलंद अपने हौसले लेकर।
मंजिलें रोज नयी पाते हैं।

दर्द की जलती मशालों जैसे।
अपनी आँखों में उजालों जैसे।
अश्क आशा के झिलमिलाते हैं।

कामयाबी के काफिलों के लिये।
बेमिसाली की मिसालों के लिये।
रोज राहें सुगढ़ बनाते हैं।

(33)

मैं कैसे सहूँ

मैं कैसे सहूँ चुप कैसे रहूँ,
तुमसे कुछ है कहना।
मनमीत मेरे ये प्रीत तेरी,
लगती जैसे छलना।

कँपते से आज अधर है,
और खीझ भरी बैनों में।
बादल जैसी कजरारी,
है घटा घिरी नैनों में।

जब शाम ढ़ले कुछ स्वप्न पले,
जिनसे मन का डरना।
मनमीत मेरे ये प्रीत तेरी,
लगती जैसे छलना।
मैं कैसे सहूँ---

यादों की है परछाई,
बोझिल लगती तनहाई।
कोयल की तानें मीठी,
गुंजित होती अमराई।

रिमझिम रिमझिम बजती सरगम,
मन का व्याकुल रहना।
मनमीत मेरे----

जब घोर अँधेरा होता,
यादों का बसेरा होता।
ढ़लते आँखों से आँसू,
आखिर तो सबेरा होगा।

ये रात गई अब बात नई,
नव आशा फिर जगना।
मनमीत मेरे-----

(34)

मृदुल बही मलयानिल

मृदुल बही मलयानिल, मंथर रुचिर चाल।
आमों की बौर छनक, दे रही है ताल।

खिलने लगे नये पुष्प, खुशबू, डगर-डगर।
विकसी नव पाँखुरी ज्यों, केसर चंदन अगर।
झूम रही खिली- खिली, गेंहूँ कनक बाल।

सरसों के फूल झूम, खेतों पर छाए।
सरसित है धरा आज, ऋतुराज आए।
वासंती सुषमा से, बहकी मदिर चाल।

आतीं हैं उभर-उभर, यादें बेचारी।
दूर बसे प्रियतम तो, सूखी मन-क्यारी
आएंगे मनभावन, होगी तब निहाल।

बंद प्राण-मंजूषा, खोलें तो कैसे।
अन्तर्मन भाव लहर, बोलें तो कैसे।
घुटे रुदन क्रंदन का, पूछे कौन हाल।

(35)

गीत जैसे..

गीत जैसे साथ में चलता रहा है।
एक सपना आँख में पलता रहा है।

कल्पना का लोक भी कितना सुखद है
भावना के मर्म को स्पर्श करता।
दीप पावन मधुर सुधियों का जलाकर-
चाँदनी की चमक सा आलोक भरता।

आँख का काजल मगर बहता रहा है।
वेदना की टीस को सहता रहा है।

मलय से महके नजारे रात भर थे।
शलभ से दहके सितारे रात भर थे।
जगमगाता चाँद अपने साथ लेकर-
सुखद सपनों के सहारे रात भर थे।

मन अजाने पंथ पर चलता रहा है।
और अपने आप को छलता रहा है।

मांग सेंदुर भाल बिंदिया सोहती अब।
हाथ मेंहदी पाँव पायल सोचती जब।

चूड़ियां करवट बदल कर थक चलें तो।
मिलन की आशा हृदय को मोहती तब।

अनमना कंगन मधुर बजता रहा है।
द्वार की आहट सजग सुनता रहा है।

(36)

रातरानी कहीं मगर महके...

रात जागी हुई इधर महके।
रातरानी कहीं मगर महके।

चाँद तारे बिखेरते रौनक।
रौशनी के सुहावने वाहक।
शबनमी दूर तक डगर महके।

रात सपने दिखा रही है कुछ।
याद अपने दिला रही है कुछ।
शोर थामे यहाँ शहर महके।

मौन की है अजब सी सुंदरता।
छा गई है कि जैसे मादकता।
आँख मींचे हमारा घर महके।

नेह सलिला सुखद बही मन में।
बात पर अनकही रही मन में।
गीत ज्यों मृदुल सा निखर महके।

(37)

दीप जला प्रीत का

दीप जला प्रीत का।
अवलंबन मीत का।
अंतस की वीणा पर,
गूंजा स्वर गीत का।

नेहा की दामिनी।
भींग उठी यामिनी।
प्राणों में गुंजित है।
भाव भरी रागिनी।
मौसम है जीत का।
गूंजा स्वर गीत का।

छंद बनी कल्पना।
मुखरित है भावना।
अर्पित है मीत तुम्हें।
सुरभित सी साधना।
मोहक सी रीत का।
गूंजा स्वर गीत का।

सतरंगी सपने हैं।
साथ मेरे अपने हैं।
मंजिल को पा लेंगे-
पाँव नहीं थकने हैं।
बंधन शुचि प्रीत का।
गूंजा स्वर गीत का।

(38)

ज्योति का संदेश देकर

दीप की लौ से बुझे पर प्रात का संकेत देकर।
साथ हो हरदम हमारे ज्योति का संदेश देकर।

उत्सर्ग तुम्हारे मन में स्मृति बनकर मुस्काते।
भारत के वीर जवानों हम तुम्हें भूल न पाते।
सुमन से विकसित रहोगे सुरभि का उन्मेष देकर।

हैं शौर्य कथाएं अमर देश की सुखद हवाओं में।
वह रक्तिम लाली अजर हिम की श्रृंखलाओं में।
प्रेरणा संबल सदा हो कीर्ति का अभिषेक देकर।

भौतिक तो बिछड़ गये पर स्मृति बन सदा रहोगे।
भारत माँ के सपनों की परिणित बन सदा रहोगे।
राह आलोकित करोगे सुरक्षित परिवेश देकर।

(39)

अपनी यही आराधना

निज कर्म अपनी साधना।
अपनी यही आराधना।

संघर्ष से थकना नहीं।
हो कष्ट तो कहना नहीं।
मन में लगन और लक्ष्य की शुभकामना।

श्रम ही हमारी शान है।
जिससे बनी पहचान है।
श्रम धर्म है श्रम प्राप्ति की संभावना।

हम एक हो आगे बढ़ें।
सोपान हम नूतन चढ़ें।
कुछ कर सकें कल्याण की हो भावना।

(40)

पंद्रह अगस्त

है मुक्ति पर्व सब व्यस्त व्यस्त।
लो आया फिर पंद्रह अगस्त।

बलिदानों की गौरव गाथा।
ऊँचा भारत माँ का माथा।
आजादी का है पथ प्रशस्त।

सूर्य समान शक्ति है अपनी।
भारत के प्रति भक्ति है अपनी।
अर्पित मन की श्रद्धा समस्त।

अमर रहे यह दिवस हमारा।
सच्चा है विश्वास हमारा।
है मातृभूमि का वरद हस्त।

(41)

हो गया कुछ वीतरागी मन

हो गया कुछ वीतरागी,
खो रहा है मन।
ओस से भींगी कली सा,
हो रहा है मन।

औपचारिक सी विवशता,
रोकती राहें।
शूल को रखतीं सहेजे,
फूल की बांहें।

इक अजानी पीर थामे,
रो रहा है मन।

जो उजाले छीनकर के,
तम यहाँ बाँटे।
वे यकीनन हो गए हैं,
राह के काँटे।

उलझते धागों की लड़ियाँ,
पो रहा है मन।

भीड़ के संसार में गुम,
रोज ही सोचा।
हैं मगर कितने अकेले,
स्वंय को कोसा।

फिर उन्हीं नीरस पलों को,
बो रहा है मन।

एक दुविधा सी अनोखी,
आज भी घेरे।
भावना होकर अपरिचित,
नैन फिर फेरे।

कुछ अदेखे स्वप्न बोते,
सो रहा है मन।

(42)

दाहक सी स्मृति में

दाहक सी स्मृति में सपनों का गाँव जले।
अधरों के गीत मौन वीणा पर आज पले।

रीती है निंदियारे नैनों की भाषा।
दिक्भ्रम सा करती है मिलनातुर आशा।
आतंकित घबराता अपना ही बोझ लिए।
मानस का विहग उड़े सांसों के गगन तले।

छहराती इठलाती बदली कब छलक गई।
गदरायी उबरायी बगिया कब महक गई।
वासंती सुषमा सा मौसम है मन का।

गीतों की बंजारन अपने को आप छले।

नयनों में तिरती है बदली कुछ भादों की।
बिन खोले खुलतीं हैं परतें अब यादों की।
अनबोले भावों को कहने को आतुर-
मोती सम बिंदु नैन सीपी से आज ढ़ले।

(43)

बात करने लगे

बात करने लगे जीत की।
कौन सी रीति है प्रीत की।

कुछ कहा ही नहीं जब मिले।
न खुशी के सुमन मन खिले।
बात क्या मैं करूँ मीत की।

मौसमी हैं इरादे लगे।
झूठे सारे वो वादे लगे।
चाह भी न मधुर गीत की।

आज कलियाँ परेशान हैं।
बन गए लोग हैवान हैं।
हर गली है डगर भीत की।

मौन होने लगी वेदना।
अब नहीं कोई संवेदना।
धुंध जैसे जमे शीत की।

(44)

रहे सुवास प्यार की

रहे सुवास प्यार की।
न जीत की न हार की।

जहाँ रहें सहज रहें।
विषाद हर्ष सम सहें।
कि बात है विचार की।

धरा–गगन सभी मगन।
खिली कली हँसे सुमन।
छटा नये खुमार की।

पलाश हैं दहक रहे।
विपिन चमन महक रहे।
नयी फसल बहार की।

सुमंजरी हैं डाल पर।
सुशोभिती रसाल पर।
कुहुकमयी पुकार की।

पवन मृदुल सुवास है।
जगी नयी सी आस है।
वसंत के दुलार की।

(45)

जिंदगी क्या खूब

फिर उठा तूफान प्राणों में
हम न जाएं डूब।

सिंधु मन उत्ताल लहरें
तोड़तीं तटबंध।
हम करें कैसे भरोसा अब
टूटते संबंध।

हम उगाने चल पड़े थे क्यों
मरुथलों में दूब।

रात जगती दिन उगाता है,
कुछ नूतन सपने।
फिर दिवस ढ़लते थकित होकर,
लगा कंठ तपने।

एकरस जीना लगे जंजाल,
हम गए हैं ऊब।

सोचते हैं आज बैठे जो,
ले नियति का नाम।

किस तरह फिर पा सकेंगे वे,
प्रगति के परिणाम।

लग रही हमको अपरिचित सी,
जिंदगी क्या खूब।

(46)

इक अधूरे स्वप्न को

इक अधूरे स्वप्न को मैं मूंद दृग कब से बुलाती।
सुप्त का था सपन, जाग्रत कल्पना में डूब जाती।

आशा से वंचित करती जब जीवन में असफलता।
रह-रह नैराश्य जगाती संघर्ष भरी परवशता।
तब विवश भयातुर मन की कटुता को विस्मृत करने-
मैं सुखद सी कल्पना की सरसता में चैन पाती।

जग में विश्वास मिला किसको, कब प्रीत मिली है निश्छल।
अवचेतन में पीड़ा है, कंटक छेदें मन कोमल।
जब छलना की अंतर में तपती सिकता सी ज्वाला-
मृदु कल्पना ही मेरी मरुभूमि में नंदन जगाती।

सब स्वार्थ छुपाए जीते जग में अपने न पराए।
तन से सुंदर तो रहें, कलुष मन में हैं खूब जगाए।
जब घोर विषमता का आक्रोश विकल मन कर जाता-
तब फिर निलय में कल्पना के मैं सांत्वना पाती।

(47)

तिल-तिल कर ढ़ल रहे

जो हैं निरुपाय कृषक तिल-तिल कर ढ़ल रहे।

ठिठुरे अभावों में।
जीवन-अलावों में।
श्रम के अंगारों से अनवरत जल रहे।

भूखे आघात से।
कर्ज प्रत्याघात से।
चुँधियाई आँखों में आँसू उबल रहे।

दानवीर द्वारे।
भूख की पुकारें।
मिट्टी में सने हुए पीड़ा में पल रहे।

सदियों से शोषित।
आहों में पोषित।
कर्मवीर होकर भी हिम समान गल रहे।

क्रूर अत्याचार हैं।
स्वार्थी व्यापार हैं।
वंचित कमाई से अपने ही छल रहे।

मौन सब सहना है।
विवश हो रहना है।
सूखा, अतिवृष्टि, कर्ज, हाथों को मल रहे।

(48)

युग चेतन स्वप्न नहीं सजते

जो अगर हृदय में क्रान्ति न हो,
युग-चेतन स्वप्न नहीं सजते।
यदि पतझड़ का विस्तार न हो,
मधु मदिर वसंत नहीं खिलते।

सरिता की लहरें न मचलें,
जो मृदुल हवा की परसन से।
न सुमन सजीले मुस्काएं,
भँवरों के गुनगुन गुंजन से।
यदि क्रुद्ध नदी की धार न हो,
नावों के पाल नहीं उठते।

जो लू की लपट न सम्मुख हो,
धरती अंगार बिछाए ना।
निर्दय निदाघ जो अंबर से,
जनमानस को तरसाए ना।
सपनों का स्वर्ग बसाने को,
छाया में अमिय नहीं ढ़लते।

यदि मन उपवन में पीड़ा का,
जो किंचित शूल नहीं चुभता।
अनगिनत साधों की साध लिए,
जो आकुल हृदय नहीं जलता।
जब श्वासें भी उच्छवास न हो,
गीतों के भाव नहीं जगते।

(49)

साँवरे मेघा सजल

साँवरे मेघा सजल छाने लगे।
दिन वही बरसात के आने लगे।

थी उमस गहरी सभी संतप्त भी।
धूप के साये घने से त्रस्त भी।
बोल चातक के करुण भाने लगे।

मदभरी सोंधी पवन है डोलती।
प्राण में रस को मधुर है घोलती।
गीत कजली के अधर गाने लगे।

ये फुहारें- ये बहारें ये घड़ी।
मन हुआ सरसित लगी जल की झड़ी।
फूल कलियाँ पात सरसाने लगे।

ताल छलके वेग से नदियाँ बहीं।
भूल बैठीं ताप की घड़ियां सहीं।
खेत फसलें ओढ़ इठलाने लगे।

भीगना बरसात में वह याद है।
चेतना में फिर वही आह्लाद है।
बालपन के दृश्य गहराने लगे।

(50)

एकता संघर्ष में

एकता संघर्ष में साथी अमर व्यक्तित्व तेरा।
यदि विषमता व्याप्त हो तो व्यर्थ है अस्तित्व तेरा।

जब क्षितिज निरुपाय सा निःश्वास आकुल छोड़ता हो।
बिलखता सा तट तरी से मोह ममता तोड़ता हो।
संतुलन आशा-निराशा का जो रह-रह काँपता हो।
तड़ित सा जीवन मरण की घन-घटा से झाँकता हो।

मौत पर तब नाव जीवन की चलाना सत्व तेरा।

मृत्यु भी आए जो सम्मुख तब न मन अनुराग छोड़े।
प्राण जाते हों मगर अपने वतन से मुख न मोड़े।
आखिरी बेला में मानस मोह के जो तार जोड़े।
सत्य शाश्वत- छोड़कर हंसा चले भव पाश तोड़े।

त्याग तत्परता के बिना है व्यर्थ सब रागत्व तेरा।

एकता के सूत्र में बंध सांस लेना धीरता है।
दमन शोषण सांप्रदायिकता मिटाना वीरता है।
कर्तव्य पथ पर जो अडिग रहता वही ही जीतता है।
है मगर जीवन क्षणिक जो कि निश्चित बीतता है।

जो कि बुझकर भी जले सार्थक वही दीपत्व तेरा।

(51)

स्वप्न हो साकार हो

मांग का शृंगार हो
स्वप्न हो साकार हो।

शुचित सरिता की तरंगित धार से।
हृदय वीणा के प्रकंपित तार से।
मृदु मधुर झंकार हो।

जो प्रतीक्षा में कभी भींगे नयन।
नाप आई कल्पना में भू-गगन।
सेतु हो पतवार हो।

हृदय स्पंदन नयन आभार से।
कुछ लगे हो जीत से कुछ हार से।
प्राण के आधार हो।

प्रीत भी मेरी अनोखे मीत भी।
गीत भी मेरे सरस संगीत भी।
यमन हो गाँधार हो।

आँजुरी भर नेह का जल चाहिए।
कुछ सुहाने साथ के पल चाहिए।
सिंधु के आगार हो।

(52)

बेटियों से सुंदर संसार

खोल दो मुस्कानों के द्वार।
बचा लो बेटी का अधिकार।

जनम से होकर उपेक्षित तिरस्कृत शोषित रही।
विषमता के भार से सदियों यहाँ पीड़ित रही।
किसी ने कभी न किया दुलार।

बिटिया से छीनी जाती सपनों की तरुणाई।
इस बेवश पीड़ा की है जग ने हँसी उड़ाई।
मिले बस कटुता के उपहार।

तन दहेज दावानल में कितनी बार जलाया।
स्वार्थ सिद्धि हित मानवता पर दाग लगाया।
कोख में बेटी डाली मार।

बेटी का दुख यदि चाहे तो इतिहास बना दे।
दृढ़ संकल्पों से सदियों की प्राचीर गिरा दे।
बेटियों से सुंदर संसार।

(53)

जो तुम

जो तुम परिमल बन सौरभ को बिखराओ।
मैं उपवन का श्रृंगार बनूँ।

अँधियारा अपना रजनी ने जग को दिनकर का दान दिया।
अपने जलते उच्छ्वासों को तारों का रूप प्रदान किया।
जो अगर ज्योति बनकर प्रिय तुम छा जाओ।
मैं रजनी-तारक हार बनूँ।

मेघों ने जल बरसाकर जग का भारी उपकार किया है।
खुद रहा रुदन में लीन मगर सुखकारी संसार दिया है।
जो अगर पपीहा सम बन कर आ जाओ।
मैं पिक की करुण पुकार बनूँ।

वीणा भी सुख-दुख दोनों में जब मधुरिम गीत सुनाती है।
तब मन- प्राणों की कंप गूंजकर रुचिर मृदुल लय पाती है।
जो तुम वीणा का मर्म अगर बन जाओ।
मैं मधुर तार-झंकार बनूँ।

(54)

प्यार का मनुहार का

प्यार का मनुहार का अमृत मिला है।
अब नहीं इस जिंदगी से कुछ गिला है।

जब लगा जीने में कुछ कठिनाई है।
तब स्वंय से प्रेरणा भी पाई है।
चल पड़ा फिर राहतों का काफिला है।

उलझते से प्रश्न करते मुझे विचलित।
भाव मन के हैं अपरिचित और कुंठित।
हो चला दुर्भेद्य अब मन का किला है।

आस भी अभिलाष भी विश्वास भी जब।
साध्य भी आराध्य भी मधुमास भी जब।
प्रीति मनहर का चलेगा सिलसिला है।

(55)

दीप की वर्तिका सी

दीप की वर्तिका सी मैं सुलगती रही।
जैसा माहौल वैसा ही ढ़लती रही।

रात को भी प्रात सा सम्मान देकर।
पतझड़ों को भी वसंती मान देकर।
जग-झमेलों में दिन रात खटती रही।

कुछ नये बदलाव का अनुमान लेकर।
भावना के कोष में अनुदान देकर।
पीर मन में अवांछित पिघलती रही।

जिंदगी की सीख देता भाव-मंथन।
निडर कर देता हमें संघर्ष-नंदन।
नाद अनहद बाँसुरी बजती रही।

(56)

चक्र सुदर्शन जहाँ घूमता

चक्र सुदर्शन जहाँ घूमता
वृंदावन जैसा मन है।
वह है भारतवर्ष हमारा
कण-कण जिसका पावन है।

लिए तिरंगा केतु भाल पर,
हिमगिरि सा सतर्क प्रहरी।
सागर की उत्ताल तरंगें,
कीर्ति ध्वजा युग से फहरी।
कोई रावण कहाँ टिकेगा,
यहाँ राम का शासन है।

वेदों का आलोक अनूठा,
झंकृत स्वर गीता का है।
शौर्य लक्ष्मी बाई का तो,
त्याग सती सीता का है।
सर्वधर्म सद्भाव जहाँ पर,
शुचित नेह का सावन है।

गाथा संघर्षों की है तो,
बलिदानों की अमर कहानी।
सत्य अहिंसा प्रण लेकर भी,
हमने हार कभी न मानी।
शस्यश्यामला पुण्य धरा पर,
न्योछावर तन मन धन है।

(57)

शाला बंद हुई

अपने-अपने बस्ते बाँधो,
शाला बंद हुई।

कोरोना ने आकर जग में,
खूब गजब ढ़ाया।
जिसको देखो परेशान है,
समय अजब आया।
ऐसी क्या बीमारी है जो,
अति स्वच्छंद हुई।

रोजी-रोटी के लाले हैं,
हैं मुख पर ताले।
कोई हाल- हवाल न पूछे,
हर मन में छाले।
अपनों की सुधि लेने की अब,
चर्चा मंद हुई।

मरने वाले मरते जाते,
लहर क्रमिक आई।
जीने वालों के मुखड़ों पर
बदहाली छाई।
लगता जैसे सहज जिंदगी,
माया फंद हुई।

(58)

हमको खुद ही लड़ना होगा..

अब कोरोना से तो हमको खुद ही लड़ना होगा।
अपनी करें सुरक्षा ऐसा प्रण करना होगा।

मास्क और दो गज की दूरी,
सबसे उत्तम समाधान है।
काम काज करना मजबूरी,
पर पहले अनमोल जान है।

विपदा से बचने की खातिर दूर-दूर रहना होगा।

समय कठिन है बहुत ही भारी,
संकट काल महा दुखदायी।
सारे जग के नर और नारी,
त्रस्त हुए धरती अकुलायी।

इस आफत का हर्जाना भी जाने कब तक भरना होगा।

रोजी रोटी छिनी अचानक,
घर से बेघर कितने सारे।
देखे जब ये दृश्य भयानक,
थमे नहीं आँसू के धारे।

भूखे पेट सूखते मुख से आखिर कितना चलना होगा।

लाशों की दुर्गति थी कैसी,
मानवता के अर्थ खो गए।
आई कठिन त्रासदी ऐसी,
सारे साधन व्यर्थ हो गए।

नई सदी में अब जाने क्या सहना होगा।

लेकिन कुछ अच्छाई भायी।
रिश्तों में गहराई आयी।
घर में रहकर काम किया तो,
घर में भी सुगढ़ाई छायी।
हैं सचेत कोरोना से फिर भी डरना होगा।

माना काल संक्रमण का है,
सोच सकारात्मक हो।
रहें सदा अवसाद मुक्त जब,
दृष्टि कलात्मक हो।
नये सिरे से दृढ़ होकर अब आगे बढ़ना होगा।

(59)

मन-विकार -हो अमल गए हैं

कितने मौसम बदल गए हैं।
कुछ सूखे कुछ सजल गए हैं।

जग के कटु संताप रहे जो।
सुख-दुख के ही माप रहे जो।
शीतल सुखद बयारों वंचित।
विचलित करते ताप रहे जो।
करके हमको विकल गए हैं।

कुछ खुद से बेगाने भी थे।
दुनिया से अंजाने भी थे।
मन में जो गहरे पैठे थे-
अपने शौक पुराने भी थे।
जिद की हद तक अटल गए हैं।

फिर भी मन को चंदन करके।
बस पीड़ा का वंदन करके।
कुछ बातें कह डालीं मन की।
शब्दों का अभिव्यंजन करके।
भाव सहज थे मचल गए हैं।

सरिता है तो कूल भी होगा।
समय कभी प्रतिकूल भी होगा।
बाधाएं तो सुविधाएं भी।
कुछ मन के अनुकूल भी होगा।
यही सोच हम बहल गए हैं।

जब से मन में बसे मुरारी।
मनमोहक छवि पर हैं वारी।
तिरछी चितवन नैन रसीले-
मोर मुकुट वंशी धुन प्यारी।
मन-विकार- हो अमल गए हैं।

(60)

नेह सुधा बरसाना आता

जिसको प्रीत निभाना आता।
नेह सुधा बरसाना आता।

जीते हैं जो स्वाभिमान से।
निश्चित ही वो रहें मान से।
हर शै से टकराना आता।

जिनके अधरों पर मुस्कानें।
वे ही खुलकर जीना जानें।
हँसना और हँसाना आता।

वे राही मंजिल पा जाते।
एक लक्ष्य जो अपना ध्याते।
पथ पर पाँव जमाना आता।

नाम हमारा भी हो जाता।
यश-अपयश अर्जित हो जाता।
दिल के घाव दिखाना आता।

अपना-अपना कहते तो हो।
आँखों में भी रहते तो हो
दिल से भी अपनाना आता।